U0005104

LOVE & FREE
～ 掉落在世界路上的一些話語 ～

文 / 攝影　高橋步　譯 / 張秋明

■ 台灣版「LOVE&FREE」 序言

十分高興這一次我的書能在台灣出版。

台灣這個國家，固然在地緣上跟日本很近；
然而過去我因為旅行或出差，已往返過多次，
因此在我心中，感覺台灣很親近也很親切。
但願透過本書能增加更多的朋友。

這本書綴集了我二十六歲那年，1998年秋天起，大約兩年間，
和愛妻兩人到世界流浪時的隻字片語與照片
我們兩都辭去了工作，帶著為數不多的旅費，
於婚禮後的第三天飛離日本，進行世界一周的貧窮蜜月之旅！

那是一場充滿快樂與辛苦的旅程，
或許也因為有了那一次旅行的經驗，
使得我和妻子（+兩個小孩），至今依然過得幸福美好，
如此想來，對我的人生而言，那也是十分重要的旅行。

我的前言就寫到這裡，
歡迎進入我的書中悠然邀遊。

並期待在世界的某處相遇。
跟所愛的人，共享自由的人生。

2013年3月8日　高橋步

DITY

n fares (mos
ion, grou
idity o
urr

Airlines

प्रवेश पत्र प्र

BOARDING PASS

28 APR 1999

आरोहण
Boarding

आगे
Front

IC 748
KTM–CCU

Security Sta

सुरक्षा मोहर

ON

...assenger convenience a
...ety/security reasons, it is a
carry on board **only one cabi**
within reasonable size and sha
cabin to...er passenger's

of Pass

Seat

7H

SUBJECT
TO CONDITIONS
OF CONTRACT
IN THIS TICKET

CONJUNCT

ONS (CARBON)

e Identifica

D. J2030538

INTERNATIONAL

AIRPORTS AUTHORITY OF

THAILAND

...ed the sum of five hundred baht
...ENGER SERVICE CHARGE AND VALUE ADDED TAX.
...the Airports Authority of Thailand by
...the provision of the Air Navigation Act
...525.

departing passenger only.

...d show on demand.

FARE BASIS

AU
02

500฿

23:49HrS.

APP. CODE

29

前言

1988年11月起到2000年7月，將近一年八個月的期間，
和新婚妻子兩人興之所至地遊走了世界幾十個國家。

我個人剛離開工作三年的公司恢復自由身，原為銀座粉領族的妻子沙耶
加也因為結婚而辭職。我們都認為要出國長期旅行，「只有現在」，這
是最好的時機。

我們並沒有特別設定行程、期間。
只決定了「出發點是澳洲，之後就看當時的想法。反正錢花光了就回
來。」便踏上旅程。

在世界各地的路上、咖啡廳、海灘、公車站、青年旅館床上……
一手拿著最愛喝的可樂，一邊吞雲吐霧，
就像是挖掘自己「心靈的水井」，寫下許多詩篇。

每每遇到「感覺不錯嘛」的畫面，
就從口袋掏出小型數位相機拍下了好幾千張的照片。

回國後，從旅途中留下的詩篇和照片中，挑選真正喜歡的，集結成一
冊，出版了這本書。

澳洲、東南亞、歐亞大陸、歐洲、非洲、南美、北美、日本……
且將在世界旅途一隅，各式各樣的人們送給我「LOVE & FREE」的隻字
片語，轉贈給你。

高橋步

CONTENTS：目次

前言

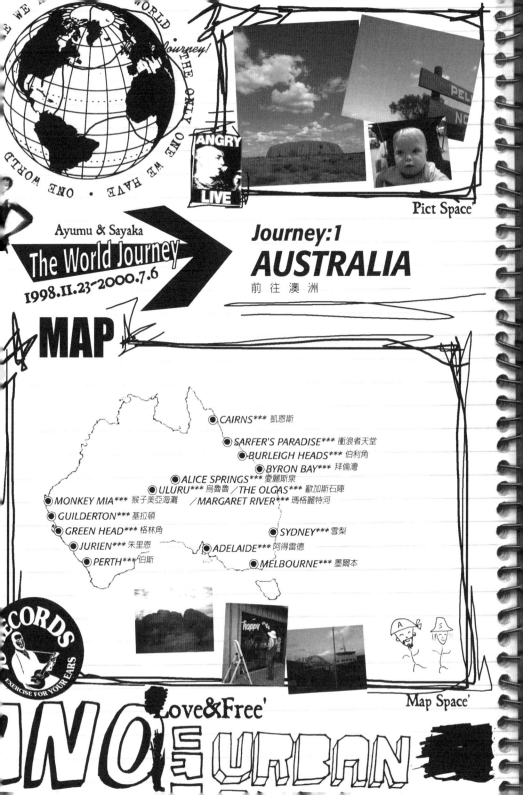

Pict Space'

Ayumu & Sayaka
The World Journey
1998.11.23~2000.7.6

Journey:1
AUSTRALIA
前 往 澳 洲

MAP

- CAIRNS*** 凱恩斯
- SARFER'S PARADISE*** 衝浪者天堂
- BURLEIGH HEADS*** 伯利角
- BYRON BAY*** 拜倫灣
- ALICE SPRINGS*** 愛麗斯泉
- ULURU*** 烏魯魯 / THE OLGAS*** 歐加斯石陣
- /MARGARET RIVER*** 瑪格麗特河
- MONKEY MIA*** 猴子美亞海灘
- GUILDERTON*** 基拉頓
- GREEN HEAD*** 格林角
- JURIEN*** 朱里恩
- PERTH*** 伯斯
- SYDNEY*** 雪梨
- ADELAIDE*** 阿得雷德
- MELBOURNE*** 墨爾本

Love&Free'

Map Space'

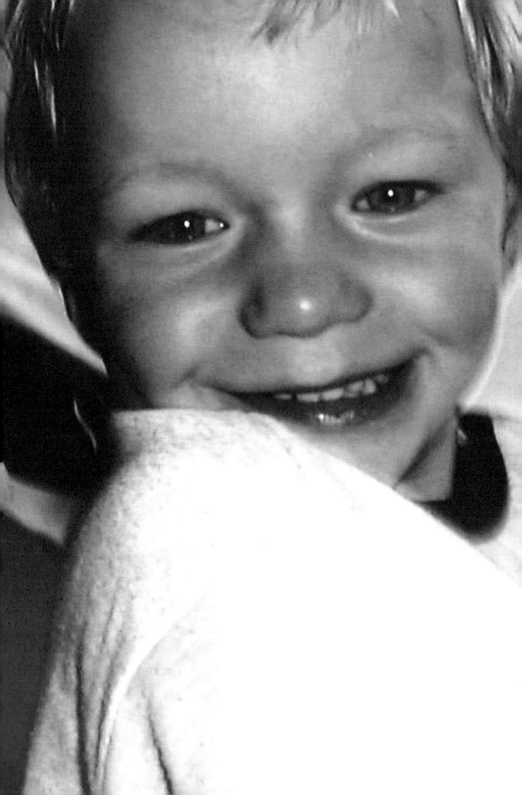

你心中的頑童湯姆是否安好？

WEEKLY LIFE

我們在各地的「holiday apartment」（類似廉價別墅的住宿設施）
各住一個禮拜，一路旅行下去。

在地球上的所有景點品味「一個禮拜的生活」。
簡直就像一個禮拜搬一次家。

一整片的海洋、破舊的停車場、隔壁大樓的牆、高樓林立的市區
夜景、充滿綠意的公園……
窗外看到的風景，每個禮拜可以變換一次，真是棒透了。

不管到哪個城市，
比起免稅店、旅遊服務中心、機場，
我們更常走向超市、當地的BAR、公車站。

這趟旅程儘管金錢有些拮据，唯有時間卻是無限的。

對日本友人是否好好打拚過日子的思念，
以及對即將相遇的陌生人們的期待，不停穿梭在心中。

只要有心愛的她、香菸、酒和一點點的好運氣，
相信能夠愉快地走下去。

過程

大概是時間過得很悠閒吧？
出來旅行後，突然開始在意起「過程」。
開始享受起「過程」
就連吸菸也是一根一根地用紙捲菸葉，很有耐心地包好後才悠然地吞雲吐霧。
還有做菜也是一次又一次地採買食材，慢慢地進行創作。
不管看到什麼東西，都會開始思考「這是如何做出來的？是什麼樣的人基於什麼樣的想法製作的呢？」

任何東西都是經由某人之手做出來的。
對於所有東西，只要懂得想像其「創作者」和「過程」，相信人生也變得更豐富。

昨日之所見

昨日，在城區大街上看見只穿一件白色短褲的老爹邊走邊唱歌。

昨日，在海灘上看見一名大約70歲的老太太和年輕男朋友深情擁吻。

昨日，在人來人往的超市裡，看見一個澳洲原住民少年熟睡在地板上。

昨日，在日正當中的公園裡看見做愛的情侶。

昨日，遇到熱情有勁的流浪漢。

昨日，看見一位臉上停了至少有三十隻蒼蠅卻依然笑容滿面的婦人。

昨日，有個傢伙才剛起床說了聲「GOOD MORNING」，

就一口喝乾啤酒。

昨日，遇到一位大叔興高采烈地說「我很期待死亡，好像很舒服喲」。

真是不錯。真是愉快。

嬉皮的豎笛

小學生的時候曾經吹奏過 SO、MI、SO、MI、RE、DO、RE、
DO的「杜鵑鳥」樂曲，好懷念的豎笛。
那也是一把從書包中抽出來當刀把玩武俠遊戲用的豎笛。
在夜晚的海灘上一名長髮嬉皮正在吹奏豎笛。
雖然沒有音樂老師吹奏的那樣好，
傳進耳朵裡卻有著彷彿緩緩來自天堂，如風一般的宜人樂聲。
坐下來看海，然後閉上眼睛傾聽笛聲的旋律，
感覺小學生的自己和現在的自己重疊在一起了。

我來自何方，將往何處去呢？

從那時到現在已經20年，接下來還有多少年？
在走到高橋步的生命盡頭之前，期許自己能繼續成長。

長途巴士之旅發現的法則1：

義大利人：不擅長應付蒼蠅。
美國人：不擅長應付狹隘的空間。
中國人：不擅長應付孤獨。

長途巴士之旅發現的法則2：

「NO FOOD」～在禁止吃東西的巴士上～
日本人：偷偷地吃。過了一陣子被制止——不再吃。
美國人：堂而皇之地吃。立刻被制止——不再吃。
澳洲原住民：堂而皇之地吃。立刻被制止——依然繼續吃。

所謂表現者

我不想輕輕觸動一萬個人的心靈，
只想用力刺進一個人的心裡。

與其面向一群看不見臉的人們拋擲出容易接住的慢球，
我希望對著站在那裡的你丟出超級快速的直球。

我當然也有想要創作出普遍性的作品，
能夠暢銷熱賣的慾望，
但我追求的不是類似小室哲哉的普遍性，而是類似約翰‧藍儂
的普遍性。

我希望透過對「一個人」的強烈想法進而感受「對方內心深處
的熱情」能跟更多的人們產生連結。

因為我想唯有棲息在人們內心深處的熱情，
是不分古今中外，本質上不會改變的東西。

不需要賣弄聰明的小技巧，
不需要誇大其詞的批評或解說。

生活態度是一門藝術。

只希望死的時候能為「稱作自己的作品」感動就好。

沙耶加歡喜時的容顏，我喜歡。
在吹噓自己有哪些本事之前，
不如先從如何取悅這名女性開始吧。

為了兩人合而為一。為了兩人各自成為自己。

在某個酒莊

在澳洲的鄉下，我們造訪了一間小酒莊。

一位雙手似乎不太靈活的老爺爺勤奮認真地
養育每一顆葡萄、
蒸餾每一滴果汁、
小心翼翼地釀出每一瓶葡萄酒。

就像是小時候從便當、飯糰中所感受到的母親味道，
這酒也有老爺爺的味道。

「今日且為老爺爺的人生乾杯！」

用心製造的「作品」，
哪怕只是一瓶酒，也充滿了「靈魂」。

ONE WORLD～世界為一～

約翰·藍儂用音樂表現「ONE WORLD」的愛。

旅途中遇見的雜貨店老闆用蒐集來自世界各地的雜貨表現「ONE WORLD」的愛。
刻有「ONE WORLD」的店家招牌，儘管樸實無華卻充滿了手作的溫暖。

不管是約翰·藍儂還是這間雜貨店老闆，我都同樣喜歡。

愛的表現方法沒有一定的原則。

Playground

孩提時代，一旦擁有「腳踏車」，整個街區便成為自己的遊樂場。
年少輕狂歲月，一旦擁有「摩托車」，整個縣區內便成為自己
的遊樂場。
而今，如能擁有「時間」，我要將整個世界納為自己的遊樂場。

從以前開始，我就很擅長在新的遊樂場想出新的遊戲。
功力依然不減。
唯一改變的是道具不同了、遊樂場也隨著年齡逐漸擴大。

「你說！我們要來玩什麼？」
再沒有任何一句話能比這樣的問話更能刺激我的創意。

你說！我們要來玩什麼？

是否偶爾會打開窗戶，眺望未來的風景呢？

ON THE ROAD

老是站在路旁看著其他努力奔馳的跑者，為他們歡呼、彼此發表
感想，久了也會厭倦吧？
老是站在起跑點猶豫著是否要上路、擔心能否堅持到最後，久了
也會疲倦吧？

是時候，站在路上的自己也該邁步了。
就算晚了也無所謂。跑累了，改用走的也無妨。哪怕跑最後一名
也沒關係。
每前進一步，風景也跟著改變。

即便只是原地踏步，鞋底也會耗損的。

海豚時光

相隔多年，在印度洋遇見海豚。
一如以往，海豚這種生物的波長很好。

不知為什麼和海豚一起游泳時，心情會變得溫和⋯⋯？
第一次和海豚游泳時就被牠們溫柔的魅力強烈吸引，
甚至想化身成為海豚。

～要想變得像海豚一樣溫柔，必須冥想，讓心情平靜下來～
讀完被稱為海豚人的傑克‧馬猶（Jacques Mayol）的書，感覺到
「冥想」的重要性。

儘管知道在每日繁忙的生活中，需要找一個安靜的地方和時間讓自
己的心變成海豚，而坐在房間地板上、閉上雙眼、調整呼吸⋯⋯但
總覺得這樣的方式不適合自己。

於是我開始了個人獨特的「冥想」～在高樓的咖啡廳裡一邊喝著美
味的咖啡一邊讓自己放空。起初心情不太能靜得下來，有意識地堅
持過幾次後便逐漸習慣，感覺在那裡度過的時光心情愉悅。
而且身處其間，心情似乎也多少變得溫和了起來。

不管生活有多麼緊張忙碌，因為確保了「海豚時光」，
我沒有隨波逐流，反而有在逆流中生存的真切感受。

不可思議的是，僅僅只是「在咖啡廳裡的30分鐘」，我開始有了明
顯的轉變。

不一定非咖啡廳不可，而是要擁有一個想去就能去、可以自己一個
人心情愉悅地放空的「冥想空間」。
或許那將是人生意外轉變的契機也說不定。

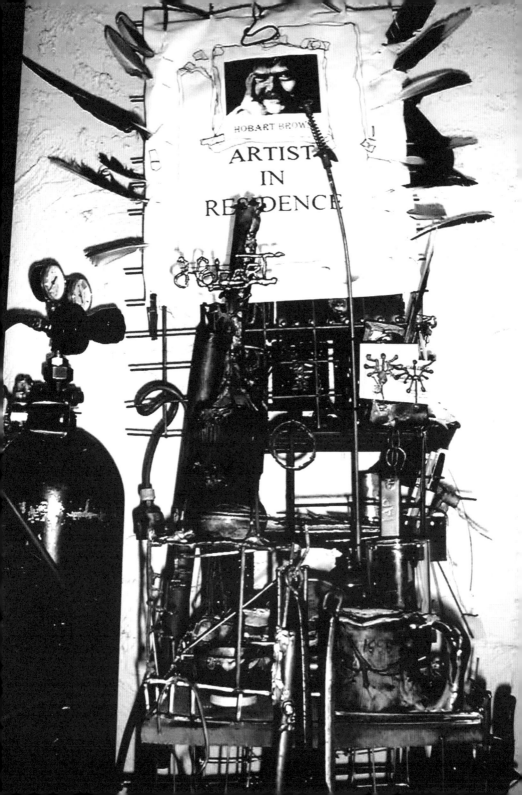

始於垃圾處理場之旅

到達一個國家後，先去垃圾處理場，蒐集各種的破爛。
在旅途中賣出經由燃燒、黏合、組裝那些垃圾所完成的作品，
一旦賣出作品有了收入，就繼續前往下一個國度。
而且將作品銷售的一部分收入，捐贈給該國貧苦不幸的兒童，
長此以往。

我認識了一個多年來始終以這樣的方式旅行，在世界各地擁有
許多粉絲的美國藝術家。

「你是抱著怎樣的理念創作呢？」我簡短地問。
「LOVE & PEACE」他回答。

GREAT！

讓天空常存心中。天空總是相連的。

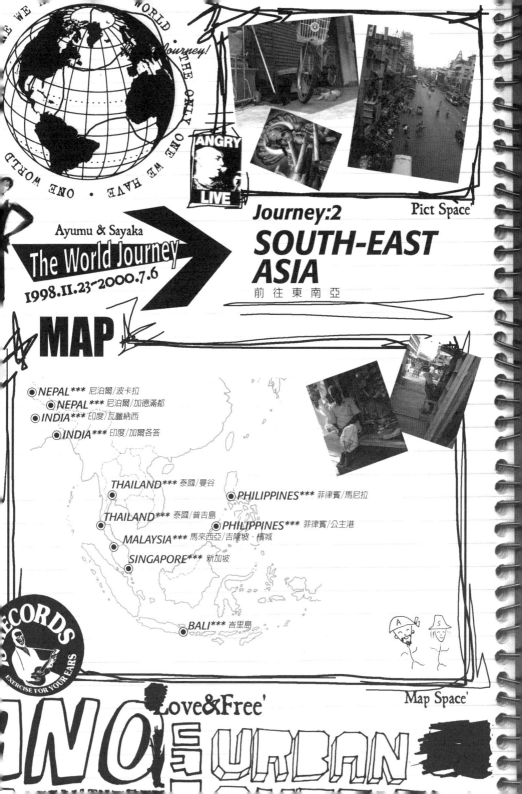

ANGRY LIVE

Journey:2

SOUTH-EAST ASIA

前往東南亞

Ayumu & Sayaka
The World Journey
1998.11.23~2000.7.6

MAP

◎ NEPAL *** 尼泊爾/波卡拉
　◎ NEPAL *** 尼泊爾/加德滿都
◎ INDIA *** 印度/瓦臘納西
　◎ INDIA *** 印度/加爾各答

THAILAND *** 泰國/曼谷
◎　　　　　　　　◎ PHILIPPINES *** 菲律賓/馬尼拉

THAILAND *** 泰國/普吉島
◎　　　　　　　◎ PHILIPPINES *** 菲律賓/公主港
MALAYSIA *** 馬來西亞/吉隆坡・檳城
◎
SINGAPORE *** 新加坡
◎

RECORDS
EXERCISE FOR YOUR EARS

BALI *** 峇里島
◎

'Love&Free'

URBAN

兩人的自由

我一打哈欠，傳染給她的機率是80%。
我一放屁，她會生氣的機率是90%。
在那樣的距離下，我們繼續著兩人的長途旅行。

有的夜晚兩個人會充滿活力地嬉鬧，
有的夜晚一個人安靜沉醉。
有的夜晚兩個人相互依偎，
有的夜晚一個人任憑冷風吹。

經由在同一空間度過龐大的時間，
開始探索的不再是「一個人的自由」，
而是「兩個人的自由」。

以「結婚」之名的約定開始的「永久之旅」，
讓我有生以來頭一次和「他人之間」，有了真心相對的機會。

一味祈求被愛，是否忘了愛人呢？

性格

在大自然、在大都會，接觸到各種人們的「性格」。

我一直以為人大致可分為「農耕民族性的人」和「狩獵民族性的人」兩種。

在農耕的世界裡，沒有「會做事、不會做事」的嚴苛人物評價標準，追求日復一日安穩過和樂生活是種美德。
在狩獵的世界裡，每個人為達成整體目標而分工合作，為了讓組織運作發揮最大功能而有領袖的產生。在這樣的社會裡，有能力與否成了考核的標準，每天都是一連串的勝負競爭，當然戰勝才能算是美德。

然而兩者沒有孰優孰劣。
各有各的幸福模式。

如此想來，一向超級狩獵性的我，似乎總是不顧對方的性格為何，硬要將農耕性的人拉進狩獵性的世界，課以「會做事、不會做事」的評價標準，帶給對方痛苦。

至今我個人依然存活在超級狩獵性的世界裡，但因為
這一次的旅行才讓我的心靈有了接納農耕性社會的空間，
最近我尤其為這件事感到高興。

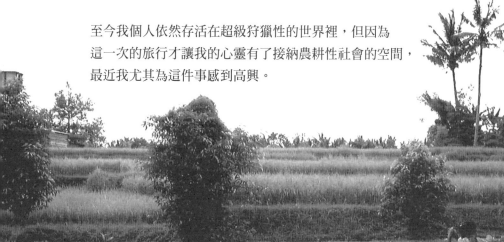

峇里島、烏布

隨地坐下彈起吉他時，立刻就有手臂刺青、抱著吉他的年輕峇里人紛紛聚集過來。

盤腿而坐後，先是握手。
我唱起了自創的歌曲，他們唱約翰‧藍儂。
安靜的猴子森林路上迴盪著我們的歌聲和蛙鳴聲。

唱歌聊天、聊天喝酒、喝了酒再繼續唱。
話題不離女人和夢想，手上不停有罐裝啤酒、香菸傳來傳去。

就跟在千葉陰濕的地下道和海邊年輕人邊彈邊唱的情景，沒有什麼兩樣。
旅途上的夜晚，讓人裸身相向。

NYOMAN說他沒有買教科書，而是不斷聽錄音帶練習彈吉他，錄音帶幾乎都快聽爛了。
他所唱的「JEALOUS GUY」，帶給我史上最深刻的感動。

在亞洲的某個角落

一手拿著靠不住的地圖，騎摩托車遊走許多小村莊。
在市場的一隅、在路邊的小吃攤前、在節日慶典上……
潛入峇里人的日常生活，彼此用著不熟練的英語談笑家常。

「身為亞洲的一分子，我很為日本表現出世界頂級水準的經濟發
展感到驕傲。」
「的確有很多人認為日本人是賺錢機器，不過我對同樣身為亞洲
一份子的日本人卻有種特別的親近感。」
「身為亞洲的一分子，看到名叫中田英壽的日本人活躍在義大
利，我也覺得很高興。」
很意外地常聽到他們這麼對我說。
尤其是年輕人對日本的友好態度，充滿了熱情。
那是一種新鮮的驚奇。

「原來大家都是身為亞洲的一分子……嘛，」
有生以來我頭一次意識到自己是「亞洲人」。
「基本上人的本質都一樣，沒有西方與東方之分。」
儘管我是這麼想，但心頭突然湧現「我是亞洲人」的情感，又是
怎麼一回事呢？

考山路（Khaosan Road）

曼谷的考山路可說是全世界背包客的十字路口。
一路上平價旅館和旅行社櫛比鱗次，路邊充塞著各種奇怪的攤販。
浪遊亞洲的旅人們在這條路上相遇、交換彼此的故事，又繼續上路
旅行。

走進考山路上的旅行社是件樂事。在裡面會聽到
「我想從加德滿都經德里回紐約。」
「有沒有金邊開往西貢的長途巴士？」
「清邁真的有長頸族嗎？」
「經由加爾各答飛往雪梨的機票要多少錢？有經過峇里島嗎？」
等令人興奮莫名的世界性對話，此起彼落。一如已見面三分熟的諾
普先生常掛在嘴邊的說詞：
「不需要旅遊書，也不用事先計畫。來亞洲旅行，只需要到考山路
一趟，當場再決定去哪裡就行了。」

我喜歡這條路上的氛圍，坐在小吃攤的椅子上抽根香菸，總是會有
各種人前來搭訕。
「日本人？」
「嗯，你呢？」
「我嗎？英國。我叫艾利克斯。」
「我是阿步，你好。」(握手)
「阿補，你出來旅行多久了？」
「現在大概有四個月了吧。」
「滿久的嘛。有什麼特定的目的嗎？」
「沒有耶。我只是想既然生在地球，就應該到處去看看所有好玩的
地方。」
「贊成！」
「艾利克斯，你一路是怎麼旅行到這裡的？」
我們就這樣開始了天南地北的閒聊。

話又說回來，那裡有很多眼光迷濛渙散的傢伙，多得不計其數。充
塞著染上大麻色彩旅人的考山路，
就各種意義來說，天堂之門正在等著你去開啟。

LIFE WORK

有超過一百個小島散列其間的泰國攀牙灣。
晴空萬里下，搭船優游在平靜的海面上，陸續登上幾座小島進行快樂
的小冒險。

一名長得很像肯德基爺爺的同船乘客搖搖晃晃走來坐在我旁邊，突然
開口問。

「你的LIFE WORK是什麼？」

不是名字、年齡、國籍或職業，這位老先生一開口問的竟是「LIFE
WORK」。

LIFE WORK。
自己用一生追求的主題。
用自己喜歡的方法、喜歡的速度深入探索最喜歡的事物之作業。
當然主題從寵物的研究到宇宙的神祕、性愛技巧等，不論大小都可以。

「老實說，我從沒想過自己的LIFE WORK是什麼。不過現在的話……
我的LIFE WORK……
應該是『研究如何成為強壯、溫柔的偉大男人』吧。」

肯德基爺爺對於我的答案只是點頭微笑。
(要命！也許我應該說的更具體才對)我除了懊惱外也反問他。

「那你的LIFE WORK是什麼？」

結果肯德基爺爺只回答一句，
「HUMAN BEING」。

拜託！答案居然比我還籠統，搞什麼嘛！

LIFE OF SOME ISLAND～某座島的一生

一名嬉皮口中的
「LIFE OF SOME ISLAND～某座島的一生」

因為地球的鼓動，「島」誕生了。

當地的漁夫們為了捕魚，從此住在島上。

嬉皮們為了尋求大麻，也住進島上。

衝浪者為了追求海浪，也住進島上。

自然而然地一些小型咖啡廳和民宿紛紛出現。

旅行的行家們也開始前來。

不知是哪個笨蛋在旅遊書上介紹了島。

觀光客開始造訪。

漁夫們被嚇到了，嬉皮和衝浪者也跟著背島離去。

大型飯店和土產店接二連三出現。

觀光客排山倒海般前來。

當地居民相繼改變了原有生活、拋棄文化、

從事以觀光客為對象的賺錢生意。

島被汙染了，

就連包含人類的所有動物和植物的生態系也整個改變。

「島」死了。

我和你之間的有的沒的

不需要演戲。
也不用表現得太過興奮。

讓我看看放鬆心情的平常的你，
因為我也要展現放鬆心情的平常的我。

總之「我和你之間」，
我不會用一兩句話或行動，
對你做出判斷。

我並非評審。
我們是朋友。

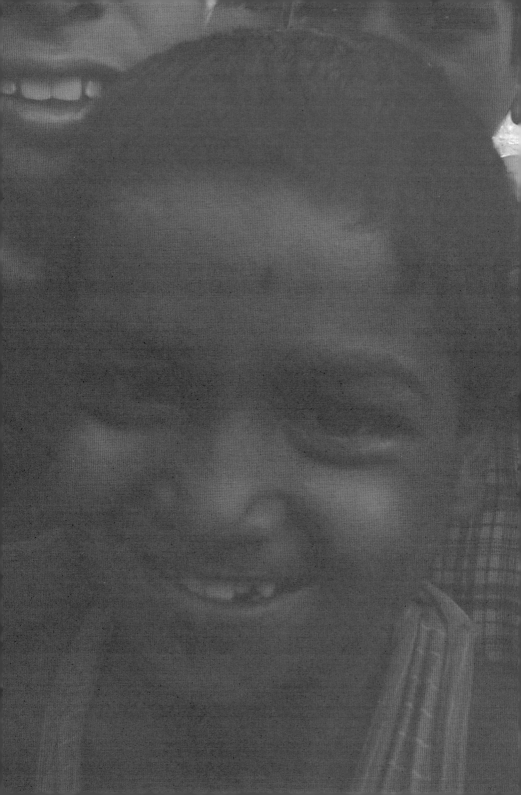

巨大的花朵

想慢慢來，就挺起胸膛慢慢來無所謂。
想無所事事，就無所事事到厭煩了為止。
如果心中有什麼芥蒂，在海闊天青之前哪怕要繞遠路也沒關係。
如果在意「社會大眾的眼光」，只會讓自己日益縮小。
所謂的「人生」是包含了從出生到死亡的所有期間。

「人生，男子成一事，足矣。」
總有一天在死亡來臨之前，
就算是一次也好，只是一瞬間也好，
但願生命能盡情發亮，
開出巨大的花朵。

IN THE CALCUTTA***PROLOGUE

IN THE CALCUTTA***PROLOGUE

站在印度加爾各答的路上，我無能為力。

經過一個看不出來是死是活、趴倒在泥濘地面上的瘦小老
婦身旁。
經過如樹枝般緊攀著那名老婦雙腳的幼兒身旁。
經過倒臥在垃圾堆中、受傷的皮膚已化膿、傷口縈繞許多
蒼蠅的大叔身旁。
經過只剩下一隻腳在地面上爬行、伸出小手試圖抓住我的
腳的孩子們身旁。
聽著此起彼落的喇叭聲夾雜著「日本人！給我錢！給我
錢！拜託！」的怒吼，我只能抬頭望著廢氣氤氳的天空，
那是加爾各答的夕陽。

在名為TOKYO的空間中得以「實現夢想的自己」，在此卻
什麼也不能做。
在名為TOKYO的空間中一向「能言善道的自己」，在此卻
什麼也不能說。
在名為TOKYO的空間中優游的「自己」，出乎意料地竟是
如此無力。

「好歹讓這胸口的疼痛，轉化成新生的我……」
當我如此真心低喃時，
突然心想（做什麼都好。現在的我必須做點什麼才行。）

於是我坐在路邊、提起勇氣，對著趴倒在地上的老婦，
開口問了一句「有什麼需要我幫忙的嗎」。
努力擠出扭曲但充滿靈魂的笑容。

結果，很意外地老婦也回報我無言的笑容。
感覺有些莫名其妙，心中卻很高興……
儘管只是一瞬間，感覺頭一次彼此之間「交換」了什麼。

在那個很想聽約翰‧藍儂「IMAGINE」的夜晚，
我確實感受到逐漸改變的自己，雖然只有一點點。

～「關愛」的反面，不是仇恨，而是「漠不關心」～泰瑞莎修女

IN THE CALCUTTA***EPILOGUE

IN THE CALCUTTA***EPILOGUE

我們去垂死者收容院和孤兒之家，響應已故泰瑞莎修女的慈善工作。

和倒臥在路邊瀕死的老人家們一起淋浴。
和手腳扭曲變形的老人家們一起倒臥在地上吃麵包與餵食他們。
儘管沾有許多的便溺塵土，卻毫不在意。

用手一碰，牆壁立即崩毀。

我為曾經只是遠觀的偽善者，過分流於感傷的自己感到羞愧。
從前的我總是透過充滿偏見的濾鏡所拍攝的圖像來看「路邊眾生」和
「印度」這個國家。

現實人生並不是那樣的悲慘。
幾乎對所有的路人來說，躺在路邊睡覺是一種的「生活模式」，他們很
清楚那不是病倒在路邊，更不是死在路邊，不過只是在睡午覺而已。

實際躺下來一試，會發現躺在地上很涼快，比想像要舒服很多。

而且那些人也絕對不覺得自己的生活悲慘。

他們比我們以為的，要樂觀開朗、愉快自得，而且懂得作樂，容易相處。

當然生活中還是存在許多嚴苛的面向，但若只是看到悲慘的一面就變得感傷，其實看不到真實面。

我眼中那些多餘的濾鏡似乎開始融解，有些「面向」變得真實了。

那些面向之中存在的不是悲傷痛苦。

只有經過數千年歷史所沉澱的「現實」和「今後」。

「彼此加油吧！我從今天起也要去探索自己能做的事！」

希望在不久的將來能再眺望加爾各答的夕陽。

Something beautiful～某些美麗的事物～

在孤兒之家，我和沙耶加都穿起了粉紅色圍裙，忙著照顧孩子們。

儘管被父母遺棄、手腳殘缺，這些孩子們仍展露出最棒的笑容。
他們仍擁有待人的溫柔，願意將每個人只能領到一片的餅乾掰開一半給我。
從那些缺乏人情溫暖、拚命將臉埋進我懷裡的孩子們身上感受到一股魔力。

這些孩子們飢渴的，不是MONEY、不是FOOD、
而是LOVE……

抱著那些孩子們，抬起頭回過神時，
一時之間淚水奪眶而出，究竟這是怎麼一回事呢？

數位相機

在印度，
有太多太多的，
不能拍照的光景，
絕對不能拿起相機拍攝的光景。
看著令人心痛。

不管對方是誰、是什麼樣的畫面，
照片不是「說拍就拍」，而是要「請求對方給我拍」。

當想要對給拍的對象做一些小小的回饋時，
「數位相機」這東西，就像是擁有充滿人情味的武器，
可將拍好的照片立刻請對方一起觀賞。

旅途上的邂逅，不妨使用數位相機。

冒險列車

〈PART:1〉

在附近有貧民窟、經常傳出觀光客遭搶遇竊的加爾各答豪拉車站等車。

出現一群面目猙獰、渾身散發「專門對觀光客下手」的人們。

他們逐漸往蹲在月台角落的我們包圍逼近，虎視眈眈尋找下手的機會。

天色已暗、行李很重、加上身邊又有沙耶加，一旦有狀況也不能逃跑，真是要命……

心想(此時要是示弱，還能算是男人嗎！PART 1！)，故作鎮靜地彈起了吉他，高唱T-BOLAN的「不願分離」。

啊哈！沒想到這首歌曲似乎也能打動印度人的心。

突然間他們竟都露出笑容說「GOOD！GOOD！ONE MORE！」

原來都是好人嘛。

不過，吉他還真是方便的工具。

〈PART:2〉

順利坐上火車，在臥鋪車的吸菸處吞雲吐霧。

出現一群卡其制服散發出「身經百戰」氣息的軍人們。

他們手持彷彿一秒可發射1000 顆子彈的來福槍，開始圍坐在我身邊。

他們有五人，所以一秒可發射5000 顆子彈，瞬間將我的腦袋像西瓜般打爛……

心想(此時要是示弱，還能算是男人嗎！PART 2！)，故作鎮靜地問說「要吸菸嗎？」，

突然間他們竟都露出笑容說「THANK YOU」

原來都是好人嘛。

不過，香菸還真是方便的工具。

鶴

「我想送出可以感受到日本，但不花錢的禮物。」

但願沙耶加摺的「紙鶴」，
能棲息在全世界的孩子們懷中……

人生所擁有的時間

恆河帶給我的種種意象，
讓我意識到「自己人生所擁有的時間」。

在日常生活中容易被遺忘，但人生並非無限。
「人生所擁有的時間」是有限的。
對任何人來說邁向「終點」的倒數計時確實已然開始。

還想做的事、還想見到的人、還想去的地方、還想親眼目睹的事物、
還想品嚐的食物、還想知道的新知……其實還很多很多。
同時還有認識「自己活在世上的目的」和必須非完成不可的使命感。

不能就這樣子結束。
我還在努力中！

不畏跳蚤

不畏跳蚤、也不怕虱子、
不害怕想盡各種辦法靠過來的友善歹徒們，
被超過40度的高溫烤得頭昏腦脹，
被肆無忌憚的喇叭噪音吵到聽覺麻痺，
喉嚨中吸到的盡是白濁的汽車廢氣，
鼻子裡充塞著水果腐爛的氣息，
乞丐的手不斷伸過來、叫賣的手也不斷伸過來，
但我們兩人還是扛著大背包，手牽手，
穿梭在神出鬼沒魑魅魍魎百花撩亂的九億人口和人種的熔爐中，
一步一步向前邁進。

這不是用印度人很親切、很特殊的經驗等三言兩語
能輕鬆帶過，
不論好與壞，不管是都市還是鄉下，
總之用一個「濃」字就能形容這個國度。

雖然時間很短，夫妻一起到印度旅行，
與其說是「旅行」，更像是在「修行」。

不禁有點想念在台場舒爽宜人的約會。

街童

在世界各地街角遇到瘦弱、睜著骨碌碌雙眼的小鬼們。
左手按著肚皮，右手伸向我，
低聲哭喊著「HUNGRY…MONEY…FOOD…」的他們。

每一次看到他們哀傷的眼神，我都會心生莫名其妙的罪惡感而給
他們一點錢或不給錢。然而今天卻有了一個小小發現。
正好閒著沒事的我，一把坐在路邊跟我伸出右手要錢的小鬼們身
旁，請他們一起喝可樂、幫他們畫肖像畫。
隨手從筆記本撕紙塗鴉的肖像畫，明明畫得很拙劣，卻能贏得小
鬼們高興地大聲歡呼。
當時他們臉上浮現的笑容，可愛的程度是收到我給他們錢時的笑
容所無法比擬的。
真的是很可愛的笑容。

不只是飢餓的小鬼們，我也一樣。
當然每個人都想要錢，
但或許最想要的是「跟某人溫馨共度的時光」。

因為我愛這片大海……

「因為我愛這片大海，所以我要守護它。就只是這樣子而已。」
「從以前我最喜歡的就是到海中探險，所以以此為業。等於是圓了以前的夢想。」
「看到美好的事物逐漸被破壞，感覺很悲傷。所以我要戰鬥。」
「雖然充滿高科技的都市生活也不錯，但我只要有簡單科技和乾淨的大海，每天就能過得很愉快。」

在蘇路海遇見守護菲律賓沿海的青年們。
他們每天都潛入最喜歡的海洋之中，很認真地玩耍。
過去也曾遇到過許多談論「環保問題」的人士，
頭一次遇到這麼帥氣給人好感的小夥子們。

他們的生活方式和主張儘管簡單，
卻很明顯易懂，強而有力。
尤其HAPPY的不得了。

每個人的道路不盡相同，
但彼此都是同年齡層的男人，我豈能認輸呢。

我、現在、人在這裡

不是紙上知識而是心中感受。
不是虛擬而是實境。
不是明天而是今日。
不是主張而是真愛。
不是對社會大眾而是對你。

萬物同源。
傳遞真心。

我的人生。
僅來一遭的人生。
燃燒的生命。
呼之欲出的生命力。
靈魂的焦點。
單純的旺盛精力。
靈魂的邊際線。
天空的記號。

我、現在、人在這裡。
我、現在、很愛你。

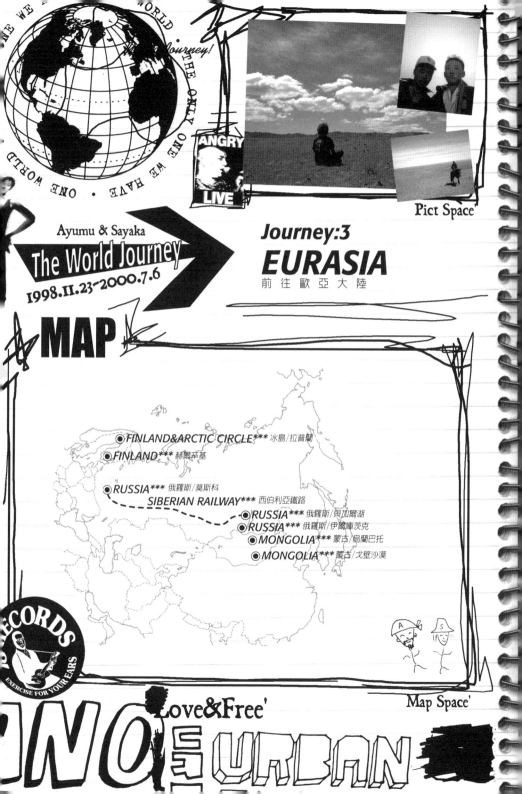

ONE WORLD · THE ONLY ONE WE HAVE · ONE WORLD

Journey!

ANGRY
LIVE

Pict Space'

Ayumu & Sayaka
The World Journey
1998.11.23~2000.7.6

Journey:3
EURASIA
前往歐亞大陸

MAP

◉ FINLAND&ARCTIC CIRCLE*** 冰島/拉普蘭
◉ FINLAND*** 赫爾辛基

◉ RUSSIA*** 俄羅斯/莫斯科
SIBERIAN RAILWAY*** 西伯利亞鐵路
◉ RUSSIA*** 俄羅斯/貝加爾湖
◉ RUSSIA*** 俄羅斯/伊爾庫茨克
◉ MONGOLIA*** 蒙古/烏蘭巴托
◉ MONGOLIA*** 蒙古/戈壁沙漠

RECORDS
EXERCISE FOR YOUR EARS

Map Space'

Love&Free'

NO URBAN

大草原

我和沙耶加兩人站在蒙古大草原上。

藍天、白雲、海市蜃樓，還有360度的地平線。
什麼都沒有，也不見其他人影。

兩人有著無限寬廣的感覺。
一種只有我們兩人孤零零存在於此處的真實感。

「無法讓自己女人幸福的傢伙，也無法讓日本和地球幸福。」

忽然間這樣的想法掠過心頭。

嘎！真的嗎？在這裡生活？

「嘿！終於來到蒙古了。要當游牧民族了！」我開玩笑說。

抱著輕鬆的心情出發，踏進蒙古大草原的游牧民族生活。

等待我們的是「沒有任何觀光客禮遇的真實游牧民族家庭和條件嚴苛的生活」。

大小號都在草原上解決、

蒙古包周遭盡是家畜的糞便和蒼蠅飛繞。

蒙古包也布滿塵埃，有類似跳蚤的蟲類出沒，

三餐似乎只有羊奶飯(我不敢吃)和加了咖哩的炒菜類(我敢吃)，

室內照明只有蠟燭，沒有任何冷飲，

想要淋浴簡直是天方夜譚，

用水時，只能用感覺好像充滿各種細菌浮游的髒水，而且只能用一點點……

尤其是跟寄宿的家庭成員語言完全不通。

當初真是太天真了！

對於來自都會的小兩口，游牧民族的生活太犀利了。

不過，我應該還撐得住，就是不知道沙耶加能忍受多久……

沒想到居然得讓沙耶加到野地上廁所……

第一天晚上裹著毛毯睡在獨立於大草原正中央的蒙古包裡的我擔心地如此想。

呼嚕…呼嚕…呼嚕…

可惱的是這戶人家的主人阿古安桑爺爺的打呼聲有點吵。

你想要什麼？

回答不出來的人是無法繼續旅行下去。

滿天星空和野地大解的傳說

一個人在大草原的正中央，在滿天星空下的野地裡大解。
那種解放的感覺，真是不作人間想。
甚至覺得……就這麼死了也值得，完全解放。

一個人包租下整個東京巨蛋，關掉所有燈光，站在捕手的位置大解……
即便是那樣，也絲毫無法比擬吧。

～世界最棒的解放感，就是在滿天星空下的野地裡大解～
這是曾經有人說過的「滿天星空和野地大解的傳說」，看來或許是真
的也說不定。

風

我、沙耶加和巴魯騰（游牧民族的少年）。
三人一邊趕著羊群、一邊在草原上漫步。
我用口琴吹奏巴布狄倫的「飄在風中」（Blowin' In The Wind）。

巴魯騰露出頑皮少年的笑容，一把搶走了我手上的口琴。
我問他「你會吹嗎？」他搖搖頭。
然後將口琴對著風口高舉。
嗡……嗡……嗡嗡……

風在吹口琴。

風用絕妙的律動吹奏出忽強忽弱的細微顫音。
那是用人的嘴巴吹奏不出來的樂音……
同時間發出十個音……

經過一分鐘後，聽完風的演奏，巴魯騰微微一笑將口琴交還給我。
意思好像是說「風的演奏很精彩吧？」

真是敗給了他。

星星的聲音

大草原的夜晚。
豎耳傾聽。
風停了。

或許那是我有生以來第一次體驗到「完全無聲的時間」。

進入完全寂靜的瞬間，突然毫無來由地感覺害怕。
忍耐了一陣子，待心情恢復平靜。這才發現滿天的星星
微微發出叮鈴叮鈴叮鈴的聲音。

咦！
看來星星也會發出聲音。

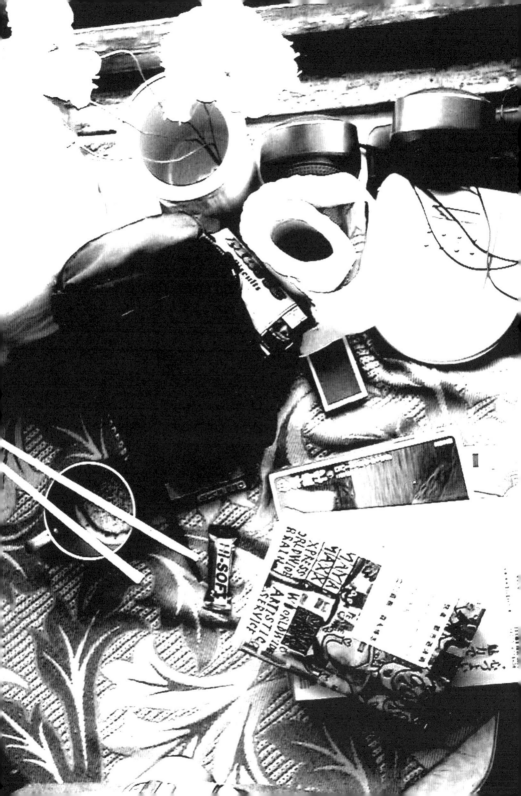

西伯利亞鐵路

躺在西伯利亞鐵路65公分寬的臥鋪上，
一連兩三天望著車窗外綿延不絕、如牧歌般的祥和風景。

雖不是「來自世界的車窗*」，但車窗外的風景只要看個五分鐘也差
不多夠了。
百無聊賴地不停在車廂內走動，幾乎都快想要計時了。

在這種無聊的時候，隨身攜帶的一些寶物便能發揮作用。
CD隨身聽和攜帶式擴音器、迷你手音機、精挑細選的48張CD。
事先在日本採買的十幾本文庫本。
數位相機、數位錄影機、筆電。
還有旅行吉他、幾支口琴。
素描簿和盒裝蠟筆……
幾乎可說是「行動房間」的狀態。

旅遊書上總強調「越簡單的行囊能享受旅行樂趣」這些話，
我可不同意。
我喜歡盡可能塞滿所有遊戲道具，然後快樂地浪跡天涯。

因為隨時隨地「遇到這種情境就想聽這首歌、想讀這本書、想畫
畫、想唱歌……」等，不也很重要嗎。
相較之下，移動時的行李重量，哪裡會放在眼中呢。

* 譯註：日本的五分鐘帶狀電視節目，介紹世界各地的鐵路風光

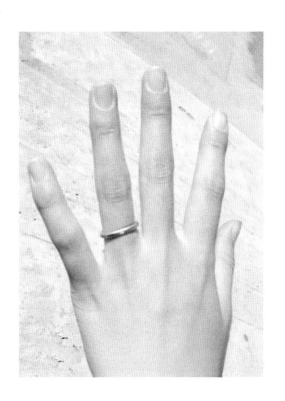

沙耶加的手

搭乘西伯利亞鐵路中途在伊爾庫茨克下車。
我們在偏遠的俄羅斯小鎮度過兩人世界的悠靜午後。
古老教堂的鐘聲、街車、馬車、樹林和小鳥們不經意合奏的BGM。
我們默默無語，時間靜靜地流逝。

隨意拍下了這張「沙耶加的手」。

咦，原來她的手長這樣。

兩人在一起超過6年，至今明明已看過好幾千回，
這竟是頭一次「看見」沙耶加的手。

原來我對這個女性是如此的不熟悉。

一種意外、新鮮的感覺，夾雜著有點抱歉的感覺，
心情變得奇妙而複雜。

我究竟對沙耶加這個女性認識有多少？
這個女性對我又相知多少？

莫斯科不眠夜

我從以前就是「不良少年」也是「優等生」。
平常總是染著一頭褐色長髮，作風嬉皮，在家卻也認真做著升學參考書上的題目。

直到今天，那個高喊著「就是要搖滾！就是要鼓聲！就是要耍壞！不要囉哩叭唆，只要追求快樂！」是真實的我。時而會認真思索「溫柔是什麼？」「幸福是什麼？」「擠電車回到社區的上班族大叔背影，其實也充滿了男人味⋯⋯」也是真實的我。

乍看之下相互矛盾的幾種極端個性在我心中和平相處。
「西鄉隆盛主唱的搖滾樂團」「長渕剛執導的迪士尼電影」「達賴喇嘛&星野道夫主演的逍遙騎士」⋯⋯等都是我喜歡的意象，也是我的人生型態。

儘管很疲倦卻無法入眠的夜晚。
腦海中想著這些事，
躺在莫斯科平價旅館床上翻來覆去的我。

我愛那些有的沒的雜物。

在芬蘭

森林、湖泊和木糖醇？的國度，芬蘭。
結束在蒙古&俄羅斯的嚴峻生活，
終於在「舒適」的小木屋享受到久違了的清爽夜晚。

「結婚之後，有什麼改變呢？」
突然間沙耶加問我。
一時之間我想不出答案。

只有一點我可以明確回答。
「我們是最佳團隊。」

2%的口水

不管是認識人、讀書、欣賞攝影集、到 BAR小酌、看電影、聽音樂、觀摩建築物、參加活動……令人不甘心的是，世界上充滿了「厲害的傢伙」「精彩的作品」。

「這真是太棒了！」當內心被打動時，
我在98%的感動之後，會啐2%的口水。
「我絕對不認輸。」
在那口水中有明日的我。

不過奇妙的是，
只有面對「大自然的鬼斧神工」，我會100%的心悅誠服。

簡單

遊走世界的旅行途中，
發現許多重要的事物都漸漸變得簡單。

越是接觸巨大、寬廣、各式各樣的事物，
感覺重要的事物就會被縮得越來越小。

老爸、老媽、弟弟、妹妹、夥伴……
為了「某個重要的人」開始做的小事，
結果都會讓大千世界變得更HAPPY。

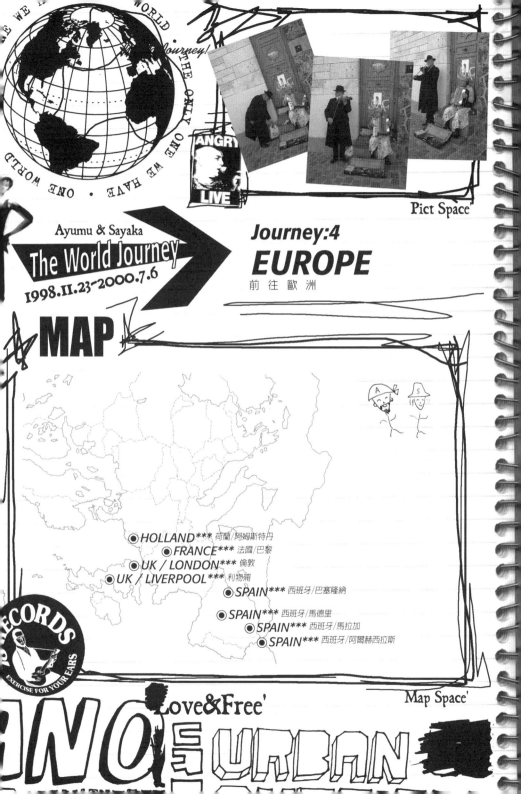

ANGRY LIVE

Pict Space

Ayumu & Sayaka

The World Journey

1998.11.23~2000.7.6

Journey:4

EUROPE

前 往 歐 洲

MAP

◉ *HOLLAND**** 荷蘭/阿姆斯特丹
◉ *FRANCE**** 法國/巴黎
◉ *UK / LONDON**** 倫敦
◉ *UK / LIVERPOOL**** 利物浦

◉ *SPAIN**** 西班牙/巴塞隆納

◉ *SPAIN**** 西班牙/馬德里
◉ *SPAIN**** 西班牙/馬拉加
◉ *SPAIN**** 西班牙/阿爾赫西拉斯

RECORDS
EXERCISE FOR YOUR EARS

Love&Free'

Map Space'

URBAN

PRIDE

旅行之中，不管在哪裡遇到什麼人，我都有信心能始終保有自我。

唯有一樣，
跟全世界同年齡層的傢伙們聊天時，
總會有「輸了」的感覺。
那就是「為自己國家感到驕傲」。

遊走世界各地時，才深深「感受」到自己是日本人。
同時也訝異於自己身為日本人卻對日本一無所知。
一如談論情人種種或發表對電影的感想，每每看到其他國家同
一世代的傢伙們神情自然地敘述起自己國家政治和歷史，我就
覺得心虛了起來，老實說，也覺得很不甘心。

畢竟身為一個人，擁有我是日本人，知道「日本的東西」、愛
日本、以日本為傲的情感表現是很正常的。
卻一向很不自然地認為，只要提到「自己國家的歷史、現況」
就僵硬地覺得「話題嚴肅」；一旦揭櫫「愛國心」就會被套上
「右翼」的禁忌帽子。

於是最近習慣手拿著一杯可樂坐在路邊，沉溺於日本歷史的書籍
之中。
話又說回來，日本史還真是有趣呀。
曾經說過「日本史？不會吧？」總是蹺課的我實在沒有臉去見
高中時代的老師。
須田老師，對不起。

戰鬥前夕，高歌人生的主題曲。

IN THE LIVERPOOL

天空陰霾的午後。
一邊抽著香菸，
一邊走在JOHN LENON成長的街道上。
MAINLOVE STREET、STRAWBERRY FIELDS、PENNY
LANE、MATHEW STREET、CAVERN CLUB……

從首都倫敦搭幾個小時的公車。
這是個住宅林立的鄉間小鎮。
拿日本做比擬，就像是千葉外郊一帶的感覺吧！

在我心目中名列「超級喜歡，不想輸給他之前三名」的
JOHN，
不是貧民窟、不是難民營，也不是貴族的豪宅，
而是生長於如此平凡的中產階級風景之中，
不但引起我巨大的共鳴，也讓我對自己產生希望。

因為自己跟偉大的人物相較時，
往往只要一想到「天賦的不同」「生長環境的差異」等字眼，
頓時會覺得氣餒失去幹勁。

～原來JOHN LENON成長於這般平凡的風景之中～
如此小小的真實感受當場轉化成為我的強大動力。

偉大的作品誕生自她的睡容

偶爾會自問「另一個自我」。

包含日本，全世界到處都有眾生在受苦，你卻只知道追求自己的享
樂，這樣真的好嗎？你是不是也該負起必須擔負的「職責」呢？

可是呢。

人世間不是只有做義工、捐款、從事慈善活動，才叫做幫助他人。
每個人各有其功能。
大家只要認真傾聽發自內心的聲音，
努力做他該做的事就可以了。

我只是透過自己喜歡的事物持續不斷表現自我。

我認為其結果只要能對某人有所幫助就很棒了。

被他人的規則所束縛的人叫做「家畜的豬」。
沒有個人原則的人叫做「快樂的豬」。
不管是哪一種，我就是討厭豬。

EVERY BREATH YOU TAKE

一路旅行經過年餘。

我們兩人幾乎24小時都相處在「3公尺之內的距離」。

24小時╳365天＝8760小時！

扣除掉在治安良好地區的個別行動時間，也有8000小時。

仔細想想，這可真是不得了。

換做是在日本生活的忙碌夫妻，會是相當於幾年的分量呢？

我頭一次跟一個別人如此長時間地正面相對。

時而要擊退壞人、疾病，穿越包含語言、風俗習慣都不熟的許多國家，彼此互相尊重兩人的樂趣，一同又哭又笑地生活。

當然也會吵架，住在旅館狹小的房間裡，彼此沒有退路只能直來直往地唇槍舌劍。

我一向擅長的虛張聲勢、裝帥氣等招數完全不管用。說的誇張點，那些日子真正考驗出我這男人「到底有哪裡值得她愛上」。

以前每個禮拜見面約會一次時，「扮演帥氣男人」是很容易的事，如今可困難了。

沒有信心的傢伙，千萬不要嘗試跟另一半去長途旅行。

那真的是很辛苦的差事。

有心的事業

比起無心的義工，更多有心的調酒師，
對世界的貢獻更多。

比起無心的政客，更多清潔婦，
對社會的幫助更大。

只要從事「有心的事業」，就是對世界有用的人。

走在全世界的巷弄之中，我偶爾會這麼想。

有時會因為某人的「一句話」，而突然覺得幸福滿盈。
有些人會因為某人的「一句話」，人生從此完全改變。
因為有某人「一句話」的支持，有些人可以繼續活下去。

一言一語中充滿了愛意。

雖然很難，
或許也是最簡單、最溫柔的表現方法。

謝謝你那麼認真為我排紛解惑。
可是我似乎想聽的不是「你的答案」。
我應該只是想要有你來「幫助我釐清想法」。

她的眼神如是對我說。

直布羅陀海峽

從歐洲前往非洲。
在跨越直布羅陀海峽的渡輪甲板上。
一名船員大叔說：

「20年來我一直在海上度過，所以很討厭一成不變的日子。不過從遇到心愛女人的那天起，我改變了。如今為了跟心愛的妻子和孩子們一起生活，每天都得單調地往返航行於直布羅陀海峽兩次。可是我對天發誓，現在我很幸福。我的冒險因為找到她這項寶物而結束。」

說完如此造作卻感人告白的船員大叔最後問我：

「既然你已經找到心愛女人的這項寶物，究竟繼續旅行還想尋找什麼寶物呢？」

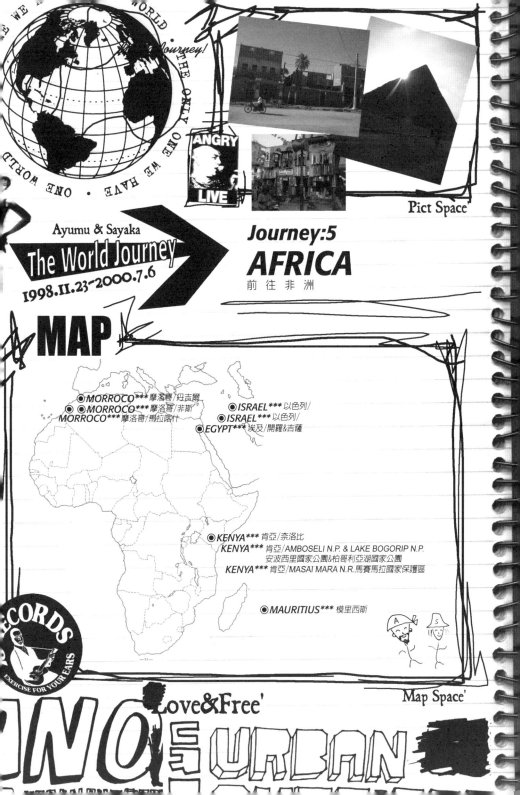

ONE WORLD · THE ONLY ONE WE HAVE · ONE WORLD
Journey!

ANGRY LIVE

Pict Space

Ayumu & Sayaka
The World Journey
1998.11.23~2000.7.6

Journey:5
AFRICA
前 往 非 洲

MAP

◉ *MORROCO**** 摩洛哥/丹吉爾
◉ *MORROCO**** 摩洛哥/非斯
MORROCO*** 摩洛哥/馬拉喀什

◉ *ISRAEL**** 以色列/
◉ *ISRAEL**** 以色列/
◉ *EGYPT**** 埃及/開羅&吉薩

◉ *KENYA**** 肯亞/奈洛比
KENYA*** 肯亞/AMBOSELI N.P. & LAKE BOGORIP N.P.
安波西里國家公園&柏哥利亞湖國家公園
KENYA*** 肯亞/MASAI MARA N.R.馬賽馬拉國家保護區

◉ *MAURITIUS**** 模里西斯

RECORDS
EXERCISE FOR YOUR EARS

Love&Free'

Map Space'

URBAN

嘿！站在那裡的你，

難道你只想穿著華服旁觀嗎？

核心

不需吃太多。
試著吃一條魚，連骨頭都細細品嚐。
因為那樣才能吃出真正的「美味」。

不需讀太多。
試著理解一本書直到每字每句都融化為止。
因為那樣才能體會真正的「有趣」。

不需愛太多。
試著真心愛一個人。
因為那樣才能明白真正的「愛」。

貧窮國家卻心靈富足的人們，
如此笑著曉諭我。

做了，就會知道。

FOREVER

終於，來到這裡。
撒哈拉沙漠。

就只有我們兩，不停地奔跑在月光下的沙漠之中。
就只有我們兩，不停地眺望著夜空中的銀河。
就只有我們兩，不停地聽著風聲。

被稱為NOMAD的沙漠民族牽著駱駝行走其間。
遠遠傳來非洲鼓的節奏聲。

為什麼天地如此靜謐宜人呢。

就只有我們兩。
天長地久，直到永遠。

當人們身在「狹小、什麼都有的地方」，總是會很努力地選路而走。
但如果身在「遼闊、什麼都沒有的地方」，就只會一路走下去。

與其為了選擇而疲倦，寧可走累了而睡著。

不是為了未來而忍受現在，
而是為了未來而享受當下。

完美

儘管坐落在赤道上，峰頂依然白雪皚皚聳立的吉力馬札羅山。
山麓下是遼闊的野生王國安波西里國家公園。

象群來回走動、
長頸鹿母子從樹叢中探出頭來、
鬣狗群在巢穴中嬉鬧、
河馬從水池中露出鼻子、
在彩虹的背景下，數千隻紅鶴掠空而過、
身上纏著紅布的馬賽人行走在其間。

在這遼闊大地的最後一幕是大象生產過程。
大雨中，儘管足陷泥淖中仍拚命掙扎的幼象，還有隨時提供援助
的母象。

「酷！」
眼前除此之外，別無讚嘆之語。

將自身交與大自然的律動時，那種從心中蔓延至全身的「透明情
感」究竟是什麼呢？
相信在那種情感之中，肯定會有我所追求的完美。

除了真正重要的東西，其他都可拋。

更加用肌膚，更加用身體去感受。

像自己？

「像自己的生活方式？」「自然的生存方式？」
其實那種事情誰都搞不清楚。

每個人都有自己的人生觀。
不過只需要在每天的生活中，
去累積「自己認為美好的事物」。

ONE LOVE

肯亞。在赤道上的路邊市集。
非洲女孩露西在石頭上刻出了三排小字給我。

ONE LOVE.
ONE SOUL.
ONE HEART.

只要永遠抱持那樣的想法，
我們就一定能夠連結在一起。

我對人生的期待是什麼呢？

為了兩人合而為一。為了兩人各自成為自己。

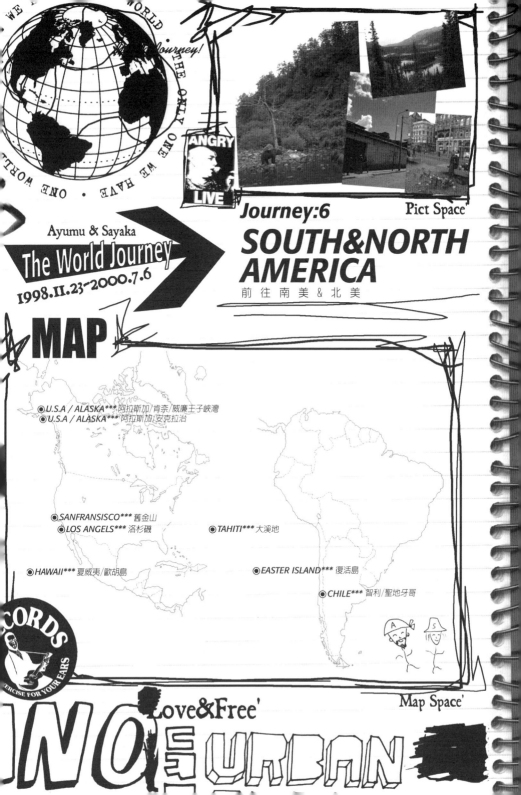

ANGRY
LIVE

Journey:6

Pict Space'

Ayumu & Sayaka

The World Journey

1998.11.23~2000.7.6

SOUTH&NORTH AMERICA
前往南美＆北美

MAP

⦿*U.S.A / ALASKA*** 阿拉斯加/肯奈/威廉王子峽灣
⦿*U.S.A / ALASKA*** 阿拉斯加/安克拉治

⦿*SANFRANSISCO*** 舊金山
⦿*LOS ANGELS*** 洛杉磯
⦿*TAHITI*** 大溪地

⦿*HAWAII*** 夏威夷/歐胡島
⦿*EASTER ISLAND*** 復活島
⦿*CHILE*** 智利/聖地牙哥

Map Space'

Love&Free'

漫步世界各地的街頭，
我喜歡想像這樣的事情。
「如果自己出生在這裡，將會如何生活？」

「如果換成是自己的話⋯⋯」
光是以這樣的觀點眺望，
所有風景便開始變得平易近人，真是不可思議。

只想成為「HOT的螻蟻」。

永遠都是。

有靈感，卻沒有一定的規則

越是接觸到更多樣的生活方式，
「原來也有這樣的生活方式」，就越能擴展自己的選項。

越是接觸到更多樣的價值觀，
「那我自己又是怎麼想的呢？」就越能確定自己的價值觀。

有時透過知人，
也能知己。

，

我的內心之中，
有每天改變的部分。
也有絕對不變的部分。

沙耶加的內心之中，
有每天改變的部分。
也有絕對不變的部分。

因為我們彼此愛著對方「絕對不變的部分」，
所以我們一定會永遠在一起吧。

ISLAND TRIP

前往小島。
尋找平價旅店，訂了一個禮拜的房間。
租輛摩托車，悠閒地環島旅行。
途中，看到喜歡的沙灘便停下腳步。
隨意到附近走走，順道逛逛市集。
兩人一起做晚飯。
一邊看著晚霞，一邊喝啤酒、吃晚飯。
夜裡，一邊仰望星空一邊在海灘散步。

我們就這樣閒閒地享受著小島之旅。

看似休閒，心靈卻很充實。
雖然什麼都沒做，感覺上又好像都做了。
度過的不是調整也不是充電，而是介於中間的時光。

今天也是在某個小島享受美好的時光。

「不是為了某種目標，而是樂在其中。」
「不是為了得到什麼，而是要持續愛下去。」
來到夏威夷，這樣的生活態度吸引了我。

追求簡單。
追求單純。
追求透明。

認清對自己真正重要的事物，
只想用一輩子的時間，靜靜地深愛下去。

「自己的靈魂真正得到滿足，究竟是什麼意思呢？」

「那意思是說知道自己真正想做什麼、自己是為了什麼來到這個世上。就算很有錢、擁有很好的工作，但如果無法滿足自己的靈魂，就會生病、引發不好的事情。只有承受過各種痛苦、難過的經驗，才能從中學習到對自己真正的幸福是什麼。」

「所以在找到自己真正需要什麼為止，靈魂一直在旅行。光是動也不動地等待，幸福是不會上門的。同時如果無法捨棄不需要的東西，也得不到新的東西。變化固然很痛苦，但無法下定決心捨棄不需要東西的人，其靈魂也不可能獲得滿足的。」

～擷取自一個夏威夷人說的話～

NO RAIN NO RAINBOW

因為下過雨，也才會有彩虹。

～彩虹之州夏威夷的標語～

BELIEVE YOUR 雞皮疙瘩

雞皮疙瘩不會騙人

一如世界各國有「國旗」，
要是每個人也有自己的「人旗」，那該有多好玩呢。

若是你，會想揚起什麼樣的旗幟呢？

阿拉斯加

極北之地，阿拉斯加。
這裡是此次世界大冒險的最後終點。

看到了好幾千隻的鮭魚群溯河而上、產卵、死去的過程。
看到了母熊帶著小熊，拚命教導如何獵食。
看到了好幾萬年累積的冰河隨著轟隆聲響而坍崩。
看到了以朽木為養分、努力生長的新芽。
看到了綿延不斷、人煙未至的曠野。
看到了大雨過後、驟然出現的河川。

我總是「偷偷地」看著。
我總是「默默地」看著。

遇見偉大的事物，深深感受到自己的渺小。

為了快樂活下去，最重要的事，
應該是認清自己。

為了認清自己，
只需跟自己對話即可。

為了跟自己對話，
首先只需跟自己提問即可。

慢慢來、慢慢來。
因為所有答案自在我心。

功課

現在發生在自己眼前的事實,都是「神賦予的功課」。
不用「積極」面對事實,
也不需「消極」逃避事實,
眼前只要認清自己所要學習的事物,認真去學習就好。

需要的不是勇氣，而是覺悟。
一旦下定決心，一切便開始運作。

「眼前的畫面這輩子肯定都不會忘記吧……」
和沙耶加兩人共同分享過許多那樣的時光。

光是這一點，這次的旅行已然足夠。

沙耶加追求的是「幸福的形狀」
我追求的是「幸福的形狀」以及彼此分享。
而我們也獲得了共有大部份幸福的自信。

光是這一點，這次的旅行已然足夠。

對你而言，真正重要的人是誰？
對你而言，真正重要的是什麼？

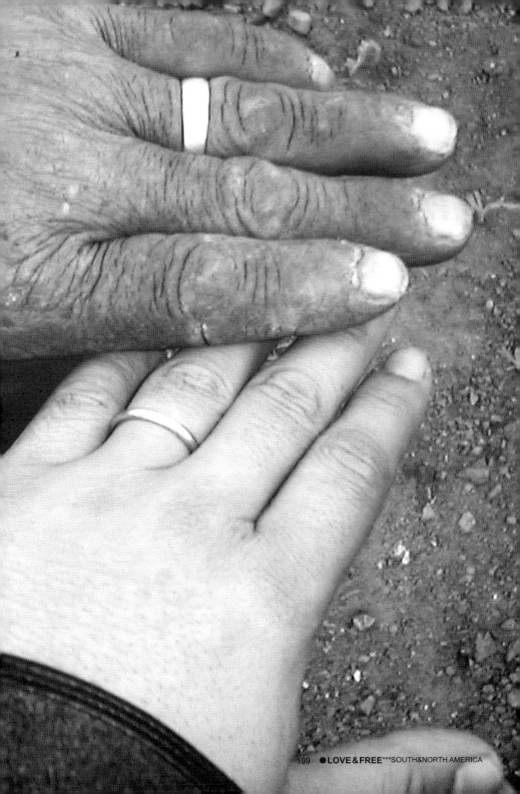

YOU

因為有你。

意識到重要事物的地點，始終，
不會是在電腦前，而是藍天下。

Pict Space

Ayumu & Sayaka
The World Journey
1998.11.23~2000.7.6

Journey:Final
JAPAN
回日本

MAP

Love&Free'

Map Space'

且讓每天的生活存在為夕陽感動的餘裕之中。
夕陽永遠都在那裡。

FACE

回到日本已經月餘。
最近的我似乎變得忙亂了起來。

不知道為什麼，要做的事很多，
感覺沒有完成什麼事情，時間卻在轉眼間流逝。

旅途中每天會寫日記的習慣，也在不知不覺間停止了。
旅途中每天會用文字書寫的筆記，也都不碰了。
彷彿對於「挖掘自己心靈之井的作業」，已開始感到不耐煩。

在那樣的安逸舒適下、在那樣的安心感包圍中，
似乎缺乏了一點為求生存而該有的緊張感。

身處在日本這個國家的時間裡，
為了好好踏上自己的道路，
看來必須有意識地創造出「面對自己的時間」。

喜愛某人，
等於不愛某人。

選擇某些東西，
等於捨棄某些東西。

看來我捨棄的勇氣似乎還不太夠。

管他有沒有夢想，快樂過人生的傢伙最強。

沒有追求自由、

沒有高喊自由、

只想不刻意地自由而活就好。

為了自己所愛。
同時也是為了那些愛自己的人們。

我只是一路往前走，往前直走。

一切都是自己的選擇。

誠實傾聽自己的心聲。

LOVE & FREE

LOVE & FREE

感謝所有跟這本書的誕生相關的人們。

尤其是設計師，也是舍弟高橋實。
他的存在，始終激勵了旅途中的我。

還有外號「Mother二瓶」的二瓶明。
如果沒有他的協助，一切都不會開始，也不會結束。

最後我要對沙耶加說
「一路上，謝謝妳！」

2001.1.4
高橋步

END

很多事情的開端，是沒有錢，沒有經驗，也沒有規則可說！
但什麼都沒有，難道就沒有辦法去做嗎？
高橋步，一切從零開始，只要有想法，就去實踐！
誰說，夢想不能永遠在啟動的狀態。

Believe yourself～～Change your life～～

《人生最棒的一天》

編著：A-Works

旅行，對每個人經驗來說，都是別人所無法複製的，

有時，雖然只是一趟小旅行，竟然可以改變整個人生！

自由人高橋步嚴選88個你絕對忘不了的旅行故事！

88個旅行的故事，

也是88個幸福的力量。

《SWITCH NOTE：改變人生的88個開關》

編著：滝本洋平、磯雄克行

你的視野如何改變？

你的價值觀如何確認？

很多經驗與常識，

你是不是都以為理所當然，

或本來就這樣……

人生如果活到80歲的話，

平均27年是睡眠狀態，

10年吃飯，3年上廁所……

想要實現的夢想，

只剩下40年了，你，還在等什麼？

Dream
On 001

LOVE&FREE

高橋步／文字‧攝影　張秋明／譯

出 版 者：大田出版有限公司
台北市 10445 中山北路二段 26 巷 2 號 2 樓
E-mail：mailto:titan3@ms22.hinet.net titan3@ms22.hinet.net
http：//www.titan3.com.tw
編輯部專線：（02）23696315　傳真：（02）23691275
【如果您對本書或本出版公司有任何意見，歡迎來電】
行政院新聞局版台業字第 397 號
法律顧問：甘龍強律師

總 編 輯：莊培園
副總編輯：蔡鳳儀
執行編輯：陳顗如
行銷企劃：張家綺 / 高欣妤
美術執行：蔡雅如
校　　對：鄭秋燕 / 蘇淑惠
初　　版：二〇一三年（民 102）四月三十日　定價：250 元
三　　刷：二〇一四年（民 103）十月十五日
國際書碼：ISBN 978-986-179-283-5 / CIP：719/102003286

LOVE & FREE：SEKAI NO ROJYO NI OCHITEITA KOTOBA
©2001 Ayumu Takahashi
All rights reserved.
Original Japanese edition published in 2001 by SANCTUARY Publishing Inc.
Complex Chinese Character translation rights arranged with SANCTUARY
Publishing Inc.
through Owls Agency Inc., Tokyo.

廣　告　回　信
台 北 郵 局 登 記 證
台　北　廣　字
第　0 1 7 6 4　號
平　信

From：地址：＿＿＿＿＿＿＿＿＿＿＿＿＿＿＿＿＿＿＿

　　　　姓名：＿＿＿＿＿＿＿＿＿＿＿＿＿＿＿＿＿＿＿

To：**大田出版有限公司　（編輯部）收**

　　地址：台北市 10445 中山區中山北路二段 26 巷 2 號 2 樓
　　電話：(02) 25621383　傳真：(02) 25818761
　　E-mail：titan3@ms22.hinet.net

※ 請沿虛線剪下，對摺裝訂寄回，謝謝！

大田精美小禮物等著你！

只要在回函卡背面留下正確的姓名、E-mail和聯絡地址，
並寄回大田出版社，
你有機會得到大田精美的小禮物！
得獎名單每雙月10日，
將公布於大田出版「編輯病」部落格，
請密切注意！

大田編輯病部落格：http：//titan3pixnet.net/blog/

智　慧　與　美　麗　的　許　諾　之　地

讀 者 回 函

你可能是各種年齡、各種職業、各種學校、各種收入的代表，

這些社會身分雖然不重要，但是，我們希望在下一本書中也能找到你。

名字／＿＿＿＿＿＿ 性別／□女 □男 　　出生／＿＿＿年＿＿月＿＿日

教育程度／

職業：□ 學生□ 教師□ 內勤職員□ 家庭主婦 □ SOHO族□ 企業主管

　　　□ 服務業□ 製造業□ 醫藥護理□ 軍警□ 資訊業□ 銷售業務

　　　□ 其他 ＿＿＿＿＿＿＿＿＿＿＿＿＿＿＿＿＿＿＿＿＿＿＿＿＿＿＿

E-mail/＿＿＿＿＿＿＿＿＿＿＿＿＿＿＿＿ 電話／＿＿＿＿＿＿＿＿＿＿＿＿

聯絡地址：

你如何發現這本書的？　　　　　　　　　　　書名：**LOVE&FREE**

□書店閒逛時＿＿＿＿＿書店 □不小心在網路書站看到（哪一家網路書店？）＿＿＿

□朋友的男朋友(女朋友)灑狗血推薦 □大田電子報或編輯病部落格 □大田FB粉絲專頁

□部落格版主推薦 ＿＿＿＿＿＿＿＿＿＿＿＿＿＿＿＿＿＿＿＿＿＿＿＿＿＿＿＿

□其他各種可能，是編輯沒想到的 ＿＿＿＿＿＿＿＿＿＿＿＿＿＿＿＿＿＿＿＿＿

你或許常常愛上新的咖啡廣告、新的偶像明星、新的衣服、新的香水……

但是，你怎麼愛上一本新書的？

□我覺得還滿便宜的啦！ □我被內容感動 □我對本書作家的作品有蒐集癖

□我最喜歡有贈品的書 □老實講「貴出版社」的整體包裝還滿合我意的 □以上皆非

□可能還有其他說法，請告訴我們你的說法

＿＿＿＿＿＿＿＿＿＿＿＿＿＿＿＿＿＿＿＿＿＿＿＿＿＿＿＿＿＿＿＿＿＿＿＿＿

你一定有不同凡響的閱讀嗜好，請告訴我們：

□哲學 □心理學□ 宗教 □自然生態 □流行趨勢 □醫療保健 □ 財經企管□ 史地□ 傳記

□ 文學□ 散文□ 原住民 □ 小說□ 親子叢書□ 休閒旅遊□ 其他 ＿＿＿＿＿＿＿＿＿

你對於紙本書以及電子書一起出版時，你會先選擇購買

□ 紙本書□ 電子書□ 其他＿＿＿＿＿＿＿＿＿＿＿＿＿＿＿＿＿＿＿＿＿＿＿＿＿

如果本書出版電子版，你會購買嗎？

□ 會□ 不會□ 其他＿＿＿＿＿＿＿＿＿＿＿＿＿＿＿＿＿＿＿＿＿＿＿＿＿＿＿＿

你認為電子書有哪些品項讓你想要購買？

□ 純文學小說□ 輕小說□ 圖文書□ 旅遊資訊□ 心理勵志□ 語言學習□ 美容保養

□ 服裝搭配□ 攝影□ 寵物□ 其他 ＿＿＿＿＿＿＿＿＿＿＿＿＿＿＿＿＿＿＿＿＿

請說出對本書的其他意見：

大田出版有限公司編輯部 感謝您！